KB238141

추천 · 감수 **김완기**
한국아동문학회 중앙위원장, 한국아동문학연구회 수석부회장, 국제펜 · 한국문인협회 ·
한국저작권협회 회원. 서울서래초등학교 교장 역임. 서울신문 신춘문예에 동시가 당선되었고,
한국아동문학작가상, 한정동아동문학상, 대한민국동요대상 등을 수상했습니다.
동화집 〈내 배꼽이 더 크단 말이야〉, 동시집 〈엄마, 이게 행복인가 봐〉,
이야기책 〈마음을 따뜻하게 해 주는 101가지 작은 이야기〉 등 다수의 어린이 책을 썼습니다.

추천 · 감수 **이창수**
한국문인협회 아동문학분과 회장, 한국아동문학회 부회장, 국제펜 회원이며,
어린이 전문 출판사의 편집장 등을 역임했습니다. 한국아동문예작품상, 한국아동문예상,
한국아동문학작가상, 김영일아동문학상 등을 수상했습니다. 〈정수가 위험해〉, 〈우주 여행〉,
〈공포의 진주 동굴〉, 〈따뜻한 남쪽 나라〉 등 다수의 어린이 책을 썼습니다.

추천 · 감수 **김병규**
한국일보 신춘문예 동화 부문과 중앙일보 신춘문예에 희곡 부문에 각각 당선된 뒤 활발한
창작 활동을 하고 있습니다. 〈희망을 파는 자동판매기〉, 〈나무는 왜 겨울에 옷을 벗는가〉,
〈요리사의 입맛〉, 〈그림 속의 파란 단추〉, 〈아침에 부르는 자장가〉 등의 작품을 발표하였으며,
대한민국문학상, 소천아동문학상, 해강아동문학상 등을 수상하였습니다.
현재 소년한국일보 편집국장으로 일하고 있습니다.

글 **하종오**
1975년 〈현대문학〉을 통해 등단했으며, 1980년에는 '反詩' 동인으로 활동했습니다.
시집으로 〈벼는 벼끼리 피는 피끼리〉, 〈꽃들은 우리를 봐서 판다〉, 〈반대쪽 천국〉 등이 있으며,
동화책으로 〈도요새〉, 〈미래에 오는 미륵불〉, 〈누가 아기 석가모니로 태어났을까〉 등이 있습니다.

그림 **이남구**
한국출판미술협회회원. 리얼리티 회원. 제1회 IPC 국제그림동화원화전에 초대 출품.
어린이문화진흥회 동시화공모전 기성부문 동상 수상. 작품으로는 〈백두대간 호랑이〉, 〈을지문덕〉,
〈오르페우스의 사랑〉 등이 있고, 현재 프리랜서 일러스트레이터로 활동하고 있습니다.

헤밍웨이 테마 위인 84

달라이 라마

펴 낸 이	전병용
펴 낸 곳	(주)한국헤밍웨이
주　　소	서울특별시 송파구 석촌동 7-3번지
대표전화	(02)470-7722 · 475-2772
팩　　스	(02)470-8338 · 475-2552
연구개발원 · 회원무료교육센터	
주　　소	경기도 성남시 분당구 금곡동 444-148
대표전화	(031)715-7722 · 715-8228
팩　　스	(031)786-1100 · 786-1001
고객문의	080-715-7722
출판등록	제17-354호
기　　획	김현정, 이은선, 정강호
편　　집	박종휘, 조애경, 임미옥, 이영혜, 황혜전, 왕혜선, 조선학
디 자 인	전경숙, 한유영, 조수진, 김지혜, 안성하, 이정하, 김진아, 정년화

티베트의 정신적 지도자

달라이 라마

글 | 하종오　그림 | 이남구

한국헤밍웨이

티베트의 탁세르 마을에 이상한 일이 일어났어요.
농사를 시작할 무렵에는 가뭄이 심하게 들더니,
곡식이 익을 무렵에는 우박과 비바람이 몰아치는 것이었지요.
"아무래도 이상한 조짐이야."
티베트에는 훌륭한 라마의 화신*이 태어날 때면
꼭 좋지 않는 일이 일어나곤 했습니다.
쵸꽁 체링의 집에서도 좋지 않는 일이 일어났어요.
쵸꽁 체링이 어느 날 말들을 몰고 물을 먹이러 가는데,
갑자기 말들이 날뛰더니 벼랑 아래로 떨어져 죽었어요.
말들이 죽은 뒤에는 노새도 병들어 죽어 갔어요.
쵸꽁 체링도 병이 들어서 자리에 눕고 말았어요.
아이들은 그런 아버지가 무서워 피해 다녔어요.

*라마의 화신 : 라마는 '성스러운 수행자' 또는 '위대한 스승'이라는 뜻이에요.
　　　　　　 라마의 품성과 모습을 하고 태어난 분을 말해요.

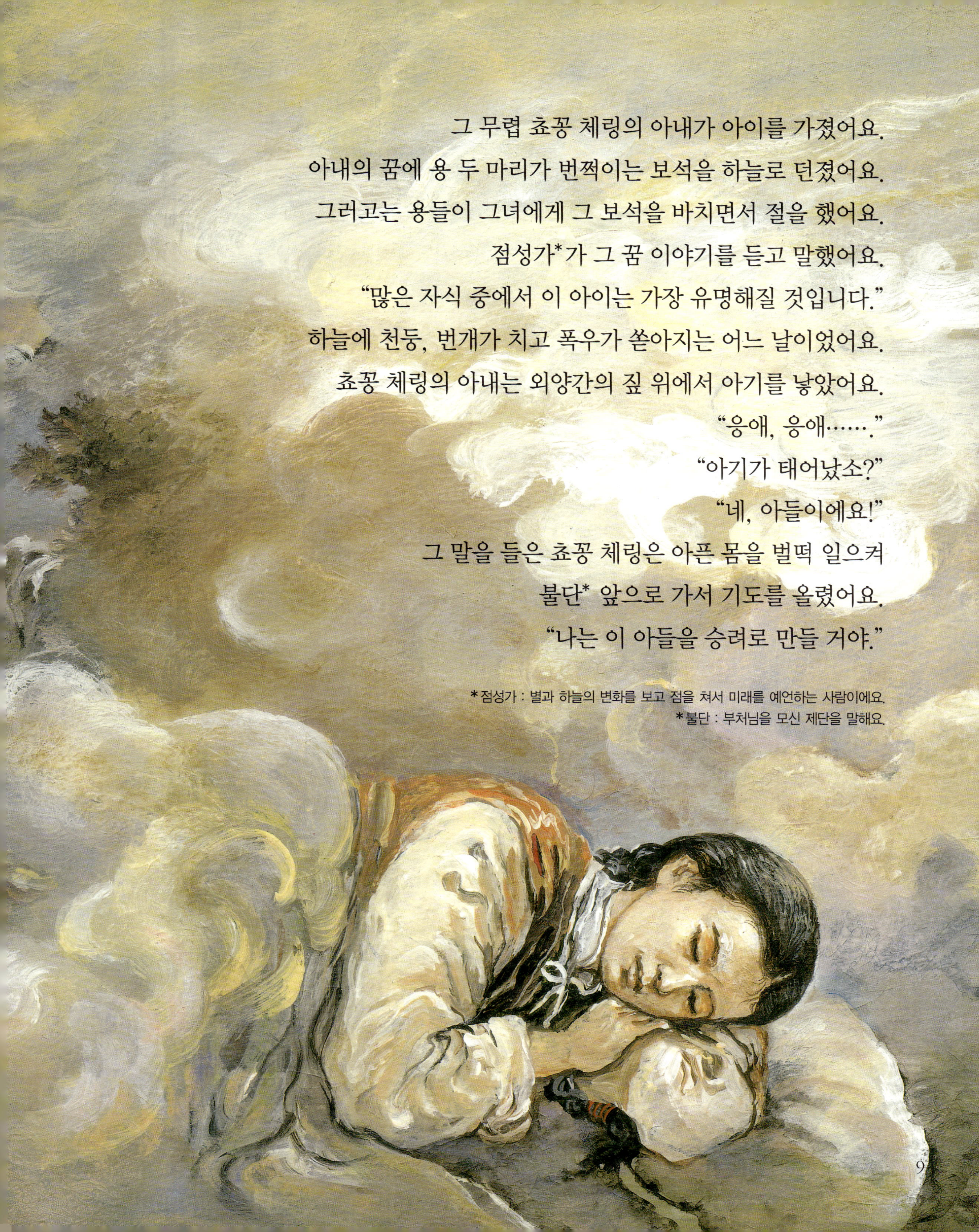

그 무렵 쵸꽁 체링의 아내가 아이를 가졌어요.
아내의 꿈에 용 두 마리가 번쩍이는 보석을 하늘로 던졌어요.
그러고는 용들이 그녀에게 그 보석을 바치면서 절을 했어요.
점성가*가 그 꿈 이야기를 듣고 말했어요.
"많은 자식 중에서 이 아이는 가장 유명해질 것입니다."
하늘에 천둥, 번개가 치고 폭우가 쏟아지는 어느 날이었어요.
쵸꽁 체링의 아내는 외양간의 짚 위에서 아기를 낳았어요.
"응애, 응애……."
"아기가 태어났소?"
"네, 아들이에요!"
그 말을 들은 쵸꽁 체링은 아픈 몸을 벌떡 일으켜
불단* 앞으로 가서 기도를 올렸어요.
"나는 이 아들을 승려로 만들 거야."

*점성가 : 별과 하늘의 변화를 보고 점을 쳐서 미래를 예언하는 사람이에요.
*불단 : 부처님을 모신 제단을 말해요.

쵸꽁 체링은 아기의 이름을 '라모 돈둡' 이라고 지었어요.
라모 돈둡은 자라면서 남들과 달랐어요.
어머니가 달걀을 가져오라고 심부름을 시키면
가끔 닭장의 둥지에서 알을 품고 있곤 했어요.
더 커서는 식탁에서 아버지 자리에 앉으려고 고집도 부렸어요.
동네 아이들이 편을 갈라 싸울 때는 늘 약한 쪽의 편을 들었어요.
어떤 날에는 땅바닥에 큰 저택을 그리고는 말했어요.
"우리는 이런 집에서 살게 될 거야."
어머니의 옷을 만지작거리면서는 또 이렇게 말했어요.
"엄마는 곧 비단옷을 입게 될 거예요."

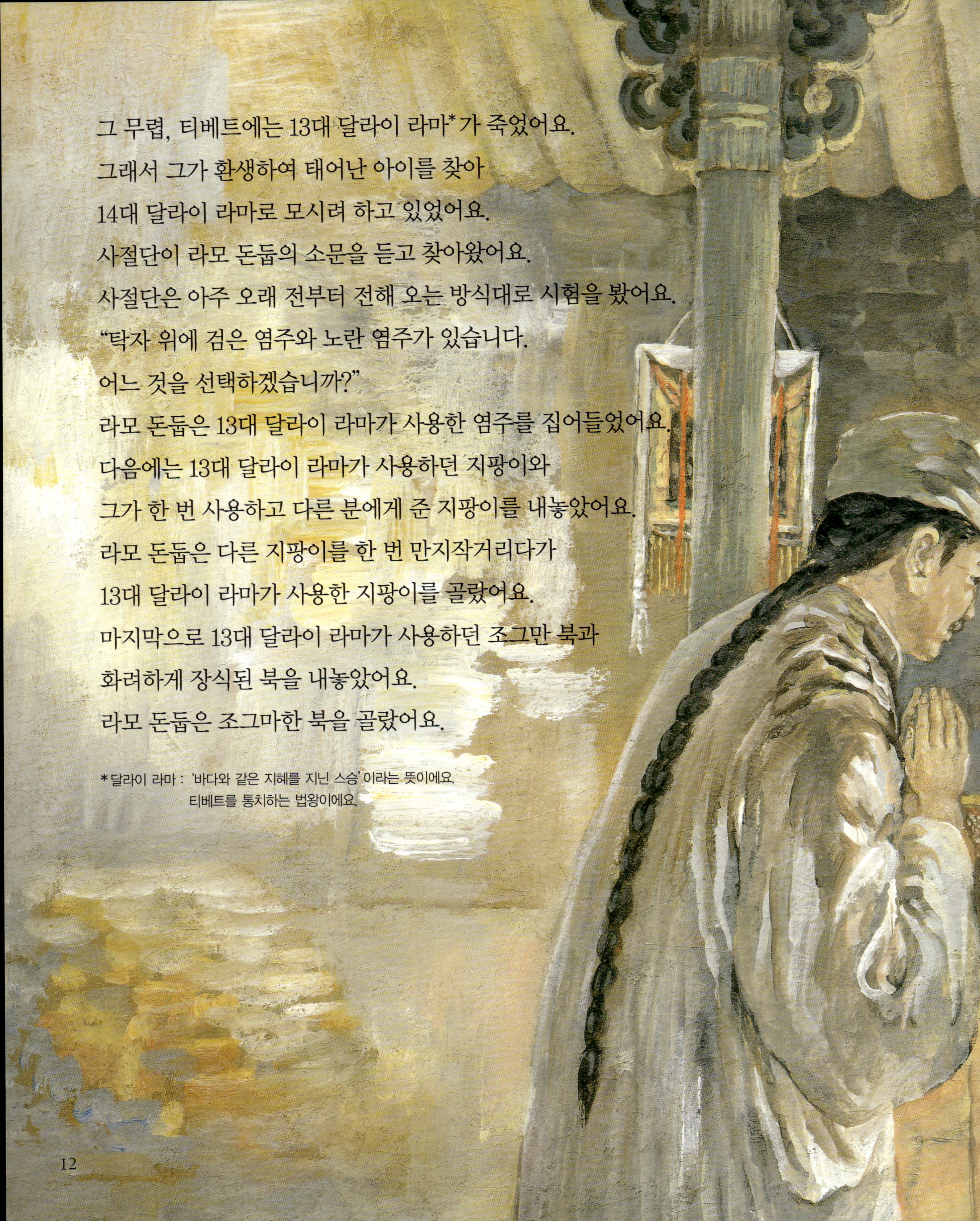

그 무렵, 티베트에는 13대 달라이 라마*가 죽었어요.

그래서 그가 환생하여 태어난 아이를 찾아

14대 달라이 라마로 모시려 하고 있었어요.

사절단이 라모 돈둡의 소문을 듣고 찾아왔어요.

사절단은 아주 오래 전부터 전해 오는 방식대로 시험을 봤어요.

"탁자 위에 검은 염주와 노란 염주가 있습니다.

어느 것을 선택하겠습니까?"

라모 돈둡은 13대 달라이 라마가 사용한 염주를 집어들었어요.

다음에는 13대 달라이 라마가 사용하던 지팡이와

그가 한 번 사용하고 다른 분에게 준 지팡이를 내놓았어요.

라모 돈둡은 다른 지팡이를 한 번 만지작거리다가

13대 달라이 라마가 사용한 지팡이를 골랐어요.

마지막으로 13대 달라이 라마가 사용하던 조그만 북과

화려하게 장식된 북을 내놓았어요.

라모 돈둡은 조그마한 북을 골랐어요.

*달라이 라마 : '바다와 같은 지혜를 지닌 스승'이라는 뜻이에요.
　　　　　　　티베트를 통치하는 법왕이에요.

이렇게 하여 라모 돈둡은 모든 시험을 통과했어요.
13대 달라이 라마가 환생한 것으로 확인된 라모 돈둡은
티베트 정부의 환영을 받으며 사원으로 가서 삭발을 했어요.
그리하여 스님이 되어 '잠펠 나왕 예쉬 텐진 갸초,*'라는
긴 이름을 얻었어요.
그러고는 1940년 2월 22일, 14대 달라이 라마에 즉위했어요.
참석자 모두에게 축복을 내렸는데, 이때 나이는 겨우 네 살이었지요.
달라이 라마는 여섯 살 때부터 포탈라궁에서 교육을 받았어요.
읽기, 쓰기, 논리학, 의학, 철학 등 모든 학문을 배웠어요.
스물네 살 때는 세 군데 승가대학*에 입학해 1년 만에 마쳤어요.
달라이 라마는 그 무렵 이런 생각을 했어요.
'수행이 중요하다. 고통을 당할 때 수행을 통해
견뎌낼 수 있다.'

*잠펠 나왕 예쉬 텐진 갸초 : '성스러운 분, 영광의 수호자, 진리를 설하는 분, 자비의 화신,
                        믿음을 지켜 주는 분, 지혜의 바다'라는 뜻이 담긴 이름이에요.
*승가대학 : 승려를 위한 불교 대학을 말해요.

티베트와 이웃하고 있는 중국은 인구가 너무 많았어요.
그래서 중국은 티베트의 땅과 수많은 지하자원을 욕심냈어요.
티베트를 차지하면 중국인 수백만 명이 옮겨와 살 수 있었어요.
마침내 중국은 군대를 보내어 티베트를 침략했어요.
달라이 라마는 새벽에 평민복으로 갈아입고 포탈라궁을 빠져 나왔어요.
그 뒤, 달라이 라마가 떠난 지 아홉 달만에 다시 말을 타고 돌아왔을 때
티베트에는 온통 중국 공산당의 군대와 붉은 깃발로 가득했어요.
달라이 라마는 어쩔 수 없이 중국이 제시한 17개 합의안*을 승인했어요.
티베트 국민을 보호하려면 그 길밖에 없다고 판단했던 것이지요.
그리하여 티베트는 공식적으로 중국의 식민지가 되었습니다.

*17개 합의안 : 중국이 강제로 티베트를 지배하기 위한 내용이에요.

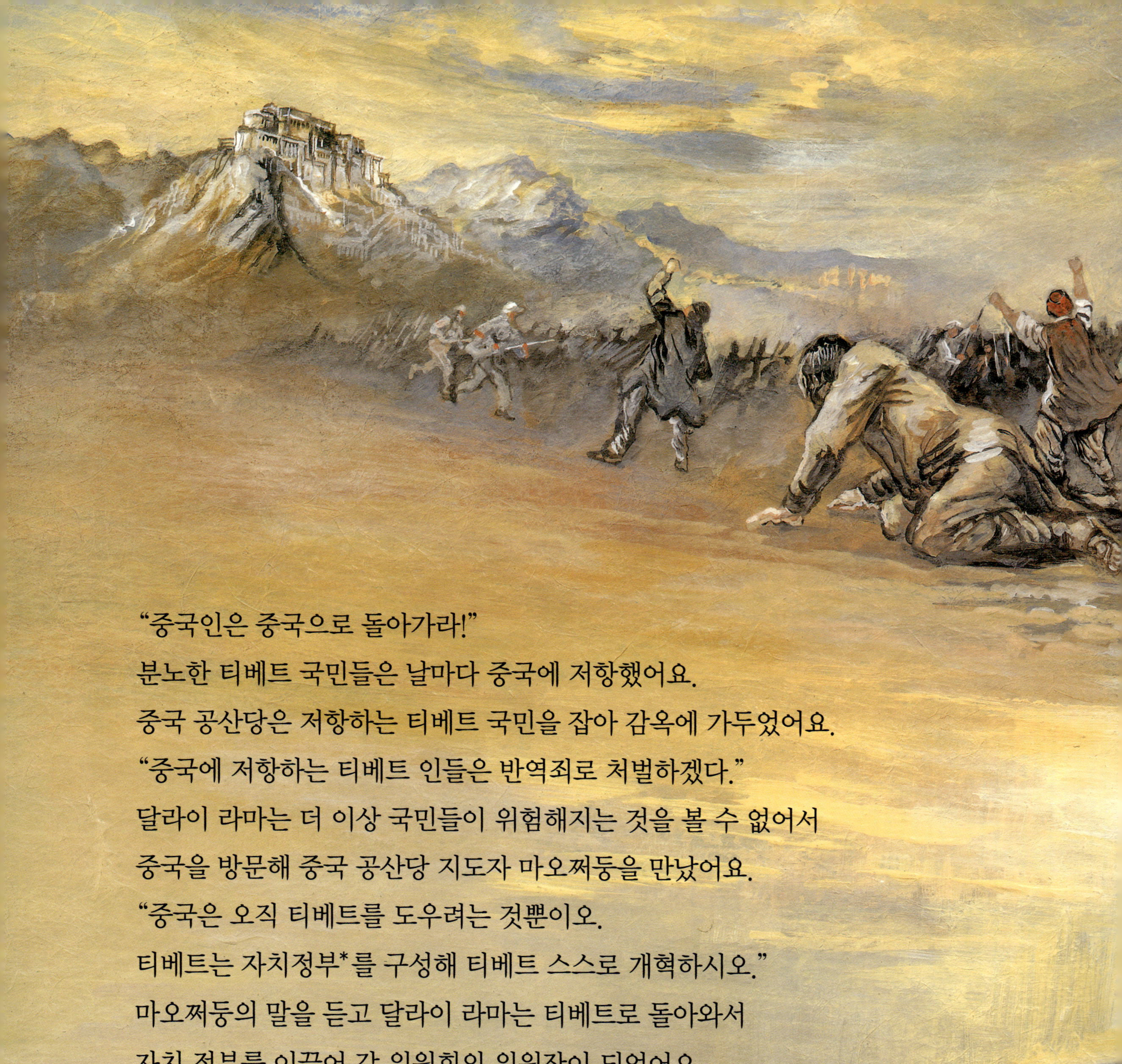

“중국인은 중국으로 돌아가라!”
분노한 티베트 국민들은 날마다 중국에 저항했어요.
중국 공산당은 저항하는 티베트 국민을 잡아 감옥에 가두었어요.
“중국에 저항하는 티베트 인들은 반역죄로 처벌하겠다.”
달라이 라마는 더 이상 국민들이 위험해지는 것을 볼 수 없어서
중국을 방문해 중국 공산당 지도자 마오쩌둥을 만났어요.
“중국은 오직 티베트를 도우려는 것뿐이오.
티베트는 자치정부*를 구성해 티베트 스스로 개혁하시오.”
마오쩌둥의 말을 듣고 달라이 라마는 티베트로 돌아와서
자치 정부를 이끌어 갈 위원회의 위원장이 되었어요.
그러나 중국은 뒤에서 모든 것을 마음대로 결정하고는
겉으로만 티베트가 스스로 결정했다고 발표했어요.

*자치 정부 : 스스로 나라를 다스려 나가는 정부를 말해요.

중국은 저항하는 사람들을 잡아 가두고 비행기로 사원을 폭격했어요.
그리고 사원에 들이닥쳐 승려들을 고문하고,
남자들을 강제 노동 수용소로 보냈어요.
"아, 어찌해야 한단 말인가?"
달라이 라마는 티베트 국민을 구하지 못해 괴로웠어요.
날이 갈수록 티베트 저항군과 중국군의 싸움이 거세어졌어요.
마침내 티베트 의회는 긴급 회의를 소집하여 결정했어요.
"1951년에 맺은 17개 합의안은 무효임을 선언한다."
이에 중국군은 대포를 쏘았고, 거리에는 다친 사람들이 즐비했어요.
달라이 라마는 한밤중에 궁전을 빠져 나와 며칠에 걸쳐
국경을 넘어서 인도에 도착했어요.

달라이 라마가 인도에 도착한 후에 성명을 발표했어요.
"17개 합의안은 중국의 협박으로 이루어졌습니다.
나는 종교적인 박해로 티베트를 떠났습니다.
어서 빨리 평화적으로 티베트 문제가 해결되기를 희망합니다."

1960년 4월, 달라이 라마는 인도의 다람살라 지역에
티베트 망명 정부*를 세웠어요.
달라이 라마의 가족들과 많은 티베트 사람들이 모여들었어요.
1963년 3월, 달라이 라마는 새 헌법을 공표하고
민주주의를 실시하기 시작했어요.

*망명 정부 : 전쟁 등으로 다른 나라에 피신한 정치가들이 만든 정부를 말해요.

또 달라이 라마는 전 세계에 흩어져 있는
티베트 민족의 대표들을 모아 망명 정부 의회를 구성했어요.
티베트 난민*들의 복지와 교육을 위해
달라이 라마는 온갖 노력을 다했어요.
세계 여러 나라를 다니며 회담*을 하고 강연을 했지요.
"우리는 비폭력 저항 운동을 계속하여
반드시 독립할 것입니다."
달라이 라마가 티베트의 독립을 위해 외교 활동을 하자,
세계의 지도자들이 함께 걱정해 주었어요.
하지만 그러는 중에도 중국의 탄압은 그치지 않았어요.
많은 티베트 국민들은 견디다 못해
인도로 탈출했지요.

*난민 : 전쟁 등으로 다른 나라로 피신한 국민을 말해요.
*회담 : 어떤 문제를 가지고 관련된 사람들이 모여 토의하는 것을 말해요.

날이 갈수록 수많은 티베트 국민들이 탈출하여
인도에 있는 달라이 라마를 만나러 왔어요.
"달라이 라마를 만나는 것이 가장 큰 소원입니다."
달라이 라마는 이들의 손을 잡고 눈물을 흘렸습니다.
티베트 망명 정부는 호텔과 식당과 여행사,
무역업체 등을 운영하면서 관광객들을 끌어들였어요.
그들은 불상과 골동품과 보석과 양말을 팔았어요.
곳곳에 학교도 세워 아이들을 가르쳤어요.
티베트 국민들은 이렇게 하며 굳세게 살아갔습니다.

1979년부터 달라이 라마는 미국을 세 차례 방문하여
티베트의 현실을 설명하고 지원을 받았어요.
그러나 아직도 티베트에서는 중국이 탄압을 하고 있었어요.
마침내 비폭력 저항 운동이 전국에서 일어났어요.
"중국은 물러가라!"
"티베트 독립 만세!"
중국도 가만있지 않고 수많은 사람들을 고문하고 처형했어요.
1988년 7월 15일, 달라이 라마는 프랑스의 한 도시에서 연설을 했어요.
"평화 조항 가운데 몇 가지 성과를 거둘 수 있다면
중국은 대외 정책과 국방을 맡고 티베트는 자결권을 갖는 조건으로,
나는 티베트의 완전 독립을 포기할 것입니다."
그러자 티베트 국민들은 놀랐고, 청년들은 분노했어요.

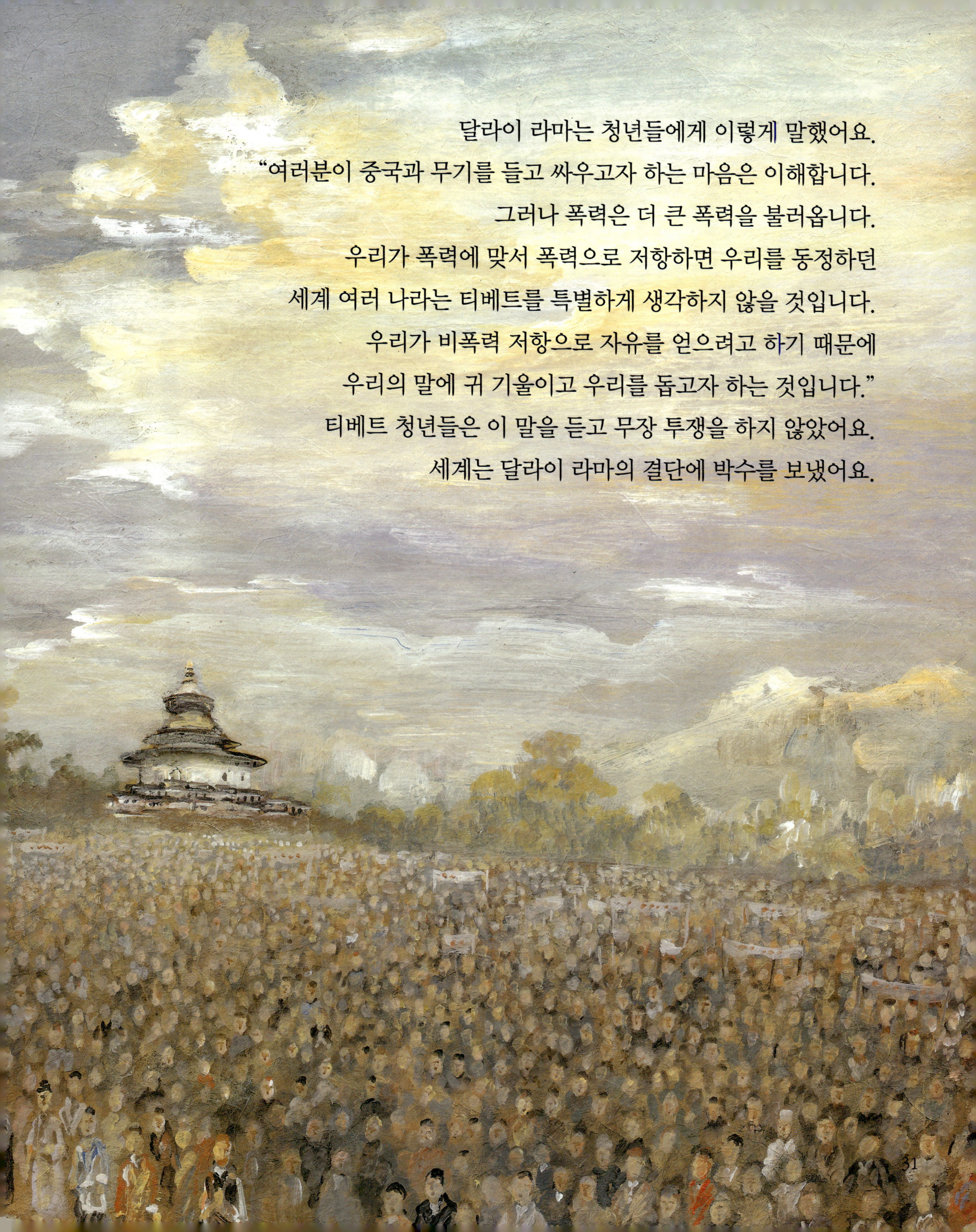

달라이 라마는 청년들에게 이렇게 말했어요.
"여러분이 중국과 무기를 들고 싸우고자 하는 마음은 이해합니다.
그러나 폭력은 더 큰 폭력을 불러옵니다.
우리가 폭력에 맞서 폭력으로 저항하면 우리를 동정하던
세계 여러 나라는 티베트를 특별하게 생각하지 않을 것입니다.
우리가 비폭력 저항으로 자유를 얻으려고 하기 때문에
우리의 말에 귀 기울이고 우리를 돕고자 하는 것입니다."
티베트 청년들은 이 말을 듣고 무장 투쟁을 하지 않았어요.
세계는 달라이 라마의 결단에 박수를 보냈어요.

1989년 10월, 노벨 평화상* 수상자로
티베트 민족의 지도자 달라이 라마가 결정되었어요.
수상식장에 나온 달라이 라마는 이렇게 연설했어요.
"저는 티베트에서 온 평범한 수행자입니다.
오늘날 인류는 여러 문제에 부딪쳐 있습니다.
그렇지만 저는 희망을 갖고 노벨상을 받아들입니다.
우리는 폭력이 아니라, 대화와 신뢰로
여러 문제를 풀 수 있다고 믿기 때문입니다."
달라이 라마는 그 이후에도 자비로운 미소를 지으며
세계 지도자들과 회담을 하고, 강연을 하고, 책도 펴냈어요.
그리고 달라이 라마는 머지않아 반드시 독립된 조국
티베트로 돌아갈 수 있다는 신념을 버리지 않았어요.

*노벨 평화상 : 노르웨이 한림원에서 인류를 위해 공헌한 사람에게 주는 세계적인 상이에요.

ALFR·NOBEL
MDCCCXCVI
MDCCC

달라이 라마의 발자취
(1935년~   )

▲ 임페리얼 전쟁 박물관을 방문한 달라이 라마.

▼ 다람살라, 망명 생활을 하던 집에서.

◀ 티베트 평화 공원 개원식에
참석한 달라이 라마.

▲ 인도, 다람살라에서 장수 의식을
거행 중인 달라이 라마.

▼ 노벨빌딩 콘서트를 방문 중인 달라이 라마와 대주교 데스몬드 투투.

▼ 1986년 10월 27일 이탈리아 아씨시, 바실리아 대성당, 티베트의 정신적 지도자 달라이 라마를
비롯하여 각 종교를 대표하는 12명의 성자들이 모여 이야기를 경청하는 모습

▲ 티베트의 지방 자치를 위한 비폭력 캠페인으로 2만 5,000 유로 상당의 헤센 평화상을 수상하고 있는 달라이 라마.

▲ 부다가든에서 거행된 어느 의식에 참석한 달라이 라마.

달라이 라마의 연설을 듣고 있는 수천 명의 신자들.

▲ 2004년 로마 가톨릭 교황과 함께 예배에 참석하기에 앞서 정신의 불을 지피고 있는 달라이 라마.

교과서에 나오는 인물 시대사

달라이 라마의 생애	한국사 주요 사건	세계사 주요 사건
1935 년 티베트 탁세르 마을에서 태어남.	손기정, 베를린 올림픽 대회 마라톤 우승 (1936).	독일, 재군비 선언.
1940 년 제14대 달라이 라마에 즉위함.	민족 말살 정책 강화, 한국 광복군 결성.	
1941 년 여러 가지 학문에 정진함, 종교 수행을 시작함.	조선어 학회 사건 (1942).	대서양 헌장 발표, 태평양 전쟁 (~1945).
1950 년 중국이 티베트를 지배하자 인도 국경 근처로 피난.	6 · 25 전쟁. 휴전 협정 조인(1953). 제1차 통화 개혁 실시 (1953).	UN, 한국 파병 결의.
1954 년 중국을 방문하여 마오 쩌둥을 만남.		인도차이나 휴전 성립, SEATO 성립.
1960 년 인도에서 티베트 망명 정부를 세움.	4 · 19 혁명, 장면 내각 성립.	소련, 유인 인공 위성 발사(1961).
1962 년 〈나의 조국, 나의 민족〉을 발간함.	제1차 경제 개발 5개년 계획 (~1966).	쿠바 봉쇄.
1963 년 국민 의회를 창설하고 티베트의 새 헌법을 마련함.	박정희 정부 성립.	핵실험 금지 협정.
1975 년 〈티베트 불교와 중도의 핵심〉을 발간함.	개통령 긴급 조치 9호 발표.	베트남 통일.
1981 년 미국, 유럽, 아시아의 여러 나라를 방문함.	전두환 정부 성립, 수출 200억 달러 달성.	미국, 우주 왕복선 컬럼비아 호 발사.
1989 년 노벨 평화상을 수상함.	동구권 국가와 수교.	베를린 장벽 붕괴, 루마니아 공산 독재 정권 붕괴.
1991 년 미국 의회를 설득하여 티베트를 '피점령국' 으로 선언하도록 함.	남북한 UN 동시 가입.	발트 3국 독립.
2004 년~ 전 세계를 방문하여 티베트 독립을 위해 활동함.	노무현 정부 출범 (2003).	미국, 이라크전쟁 (2003).

미래를 개척한 사람들

달라이 라마

티베트 불교인 라마교와 달라이 라마

티베트는 세계 문명을 일으킨 거대한 강들의 발원지입니다. 세계 문명의 발상지로 손꼽히는 4개의 강 중에 인더스 강과 황허 강이 바로 티베트에서 시작됩니다.

티베트에서 불교는 7~10세기에 발달했습니다. 티베트를 통일한 송첸 감포왕이 중국 당나라와 네팔로부터 왕비를 맞았는데, 두 왕비가 각각 본국에서 불교를 들여와 사원을 지었어요. 또 8세기에 인도에서 불교가 들어와 본격적으로 발달했고요.

티베트에는 원래 본교라는 토속신앙이 있었는데, 외국에서 들어온 불교와 어우러지면서 여러 종파가 만들어졌어요. 이 중 게룩파가 티베트의 대표적인 불교가 되었고, 이 파의 지도자인 '달라이 라마'가 정치 지도자를 겸하게 되었어요. 그래서 이런 티베트만의 고유한 불교를 티베트 불교, 또는 '라마교'라고 부른답니다.

달라이 라마는 라마교의 지도자이자 티베트 민족의 지도자예요. '달라이'라는 말은 '큰 바다'라는 뜻의 몽골어인데, 몽골 황제 알탄 칸이 제3대 달라이 라마인 소남 갸초에게 감동을 받아 하사한 칭호랍니다. 그리고 '라마'는 티베트어로 '스승'이라는 뜻이래요. 즉 달라이 라마는 '큰 바다처럼 넓고 큰 덕을 가진 스승'이라는 뜻이지요. 티베트 민족은 달라이 라마가 환생하여 태어난다고 믿었어요. 그래서 달라이 라마가 죽으면, 그가 환생하여 태어났다고 여겨지는 아이가 그 다음 대의 달라이 라마로 즉위한답니다.

티베트의 역사와 중국

7세기에 송첸 감포왕은 분열된 티베트를 처음으로 통일시켰어요.

당나라가 위협을 느낄 정도로 강력했던 송첸 감포왕은 당나라 태종
의 문성 공주를 왕비로 맞이했어요. 이때 종이 만드는 기술을 비롯
한 중국 문화가 티베트에 전해졌지요. 그 후 842년 다르마 왕이 즉
위하자 내란이 일어나 티베트는 400년 동안 혼란의 소용돌이에 빠
졌어요. 13세기에는 몽골 족의 지배를 받았고, 명과 청나라 시대에
는 다시 중국의 지배를 받았답니다.

청나라가 무너지고 중화민국이 들어서자, 중국의 국민당 정부는
1930년부터 티베트에 대한 중국의 지배권을 유지하려고 했어요.
1939년 제2차 세계 대전이 일어나자 티베트는 중립적 입장을 취하
고, 독립 정부를 구성했어요. 10년 뒤인 1949년 중국을 장악한 중
국 공산군은 이듬해에 티베트를 무력으로 점령했어요. 14대 달라이
라마는 중국의 강요로 중국의 종주권과 티베트의 자치권을 인정하
는 '17개 합의안'을 체결했어요. 1959년, 티베트 국민들은 중국의
탄압에 반대하고, 달라이 라마의 안전을 바라는 대규모 봉기를 일
으켰어요. 하지만 중국은 티베트 국민들에게 마구 총을 쏘았어요.
무력 충돌을 막으려던 달라이 라마와 그를 따르는 티베트 사람들은
인도로 망명할 수밖에 없었지요. 이후 중국은 티베트를 중국의 자
치 구역으로 만들었고, 달라이 라마와 티베트 인들은 인도에서 망
명 정부를 만들어 지금도 투쟁하고 있답니다.

1. 달라이 라마는 티베트가 중국의 지배에서 벗어나기 위해
   어떻게 싸워야 한다고 말했나요?

2. 중국은 왜 불교 국가인 티베트를 침략했을까요?

3. 달라이 라마는 세계에 일어나는 많은 문제를 어떻게 해결해
   야 한다고 했나요?